Ossilenquia

Ossilenquia

Eva Pérez

Primera edición: noviembre, 2025

Sagunt, 68 – 08912 Badalona
Tel. 93 168 01 87
info@parnassediciones.com

Maquetación y diseño: Enric Boix
Imagen de la cubierta: Jezper
Dibujo: Eva Pérez Fernández
Impresión: Podiprint
La fuente empleada en la composición de este libro es Minion Pro, diseñada por Robert Slimbach.

ISBN: 979-13-990667-3-9
Depósito legal: B 18174-2025

EVA
2025

A mi madre,
quien un día se cogió las caderas con las dos manos
y lanzó su costilla por la ventana.

¿Ossilenquia? Ammar, Elara o Véldora

¡¿Qué será de mí?! Comienza gritando y preguntando *Ossilenquia* en su poemario, en su miedo por la ausencia y bajo la voz de Jesús Nájera. Parece el lamento de Segismundo en *La vida es sueño* al clamar: ¡Ay, mísero de mí, y ay, infelice!

Y del grito nace una sombra sin forma, *Ossilenquia*, que es el olvido, que no florece, en el instante que se escapa, con la quietud sin calma que nos habita. Y donde nace *Ossilenquia*, soledad y silencio, nace *Ammar* que se atrapa y ahoga en el pasado. Nace *Elara*, guardiana de la memoria contra el olvido. Y nace *Véldora* como la luz que nace del vacío, soledad, silencio y olvido, porque después del dolor llega la fuerza, el ciclo y la eternidad, según nuestra poeta.

Querido lector:

Para la poeta, hay un lugar donde el alma se arrastra entre los muros mohosos del silencio, el que nació antes de la palabra, de la luz y del tiempo. *Ossilenquia* nació en el hueco entre dos pensamientos, del roce entre la soledad y la sombra del olvido. Allí la luna cae al estanque, como un susurro sin lengua. Nadie la ve partir, pero el agua la sueña.

Nadie la habita, excepto una voz sin dueño ni nombre que te habla en otro idioma y te llama por tu sombra. Es un reloj enterrado que, cuando diga «silencio», hará que todo deje de latir.

Ammar es el visitante de la Nada, llega sin quererlo, y algo lo lleva a la morada vacía de *Ossilenquia*. Es el eco de lo que alguna vez fue ¿Qué busca *Ammar*? *Ammar*, no sabe qué responder, algo en él comienza a desmoronarse, ha olvidado su nombre y piensa en su madre ¿Sabe que iba a necesitarla toda su vida? Qué frágil es de noche. La soledad lo acompaña, lo busca y solo encuentra agua entre sus dedos. Viene caminando el silencio, le obsequia con un recuerdo y una memoria aprieta su garganta, mientras los días se visten de azul, donde hay una montaña con la palabra que acompaña su vida: nomeolvides. Entonces, *Ossilenquia* se acerca a *Ammar*, como una presencia que hace desaparecer todo lo demás.

Amar en *Ossilenquia* es amar en el vacío, un amor tejido con hilos invisibles, donde la ausencia se convierte en presencia y la soledad es el único refugio.

En el Enlace de las Sombras, *Ammar* siente un vacío profundo en su pecho, se siente sin nombre, ante la sonrisa de *Ossilenquia*, porque no hay nada que recuerde que sea real, lo que fue no existe y el olvido es la liberación, como los versos, y allí cabe todo, menos tu amor y el mío. Por eso vives en sus versos, mientras el verbo se repita, mientras elija amarte, hasta desvanecerse en el olvido o quedar en verde convertido, a la vez que hace pie donde una vez fue corriente.

En la última visión, *Ammar* se sienta frente a *Ossilenquia*, como un reflejo de lo que ha sido. El olvido le devuelve la paz del no ser, la ausencia. Y *Ossilenquia* se queda sola resonando en el vacío.

En la Arquitectura de la Ausencia, las paredes son de aire, los pasillos invisibles, y las puertas son cortinas que no se abren, allí *Ossilenquia* ha construido su morada. Hay ventanas que dan a ningún lugar y cada rincón tiene un silencio distinto. Allí se va y no le da miedo irse, lo que de verdad teme la poeta son sus regresos. Allí guarda sus deseos, en sus manos olvidadas, a la orilla del mar, cuando la palabra se convierte en silencio y la tristeza se viste de verde. Allí queda con su vida... cuando anochece en los versos y ella te piensa, se duerme, y no es fácil despertar, porque la ha visto...

En los Ritos del Olvido, la luz se atreve a entrar... *Ossilenquia* no se mueve, no olvida, es el olvido. Y entonces... *Elara* llega como si siempre hubiera estado ahí, para recordar. Alguien debe recordar, es el capricho de un recuerdo, como el agua en el eco de la caracola, en esta noche larga de soledad, como un verso roto, paseando por las nubes de un azul infinito y es perderse en el azul del nomeolvides. Por eso *Elara* y *Ossilenquia* se encuentran en el límite del mundo y se enfrentan, una, iluminando el camino hacia lo perdido, y la otra, abrazando la eternidad de la nada. Pero la luz se apaga y *Elara* se desvanece como la última chispa, dejando una huella en el viento, que nunca se disipa completamente, es promesa, es la que vendrá cuando no pueda sostener la memoria.

Ossilenquia se encuentra con el Olvido Absoluto, es el lugar donde la memoria se pierde en su propia infinitud, como única verdad, como paz final, y un abrazo eterno de la no existencia, sin rostro, sin nombre, en un silencio eterno —eco de lo que fue— solo ausencia. Y entonces, al final, *Ossilenquia* guarda el secreto: el olvido también recuerda.

Por eso abraza las flores antes de deshojarlas, y con ellas muere lo que amó en soledad, como presencia imaginaria. Pero, ahora, tiene que irse, imaginación, mañana tiene cosas que hacer: despertar. Y se va, bajo la voz del silencio, pensando en ti, pensando estar cada vez más cerca de olvidarte y de amarte, más lejos, en el más doloroso de los olvidos, dejando que el viento alcance su vacío.

El silencio vuelve, como destino. *Elara* ya no está. *Ammar* se ha disuelto en la niebla. Pero *Ossilenquia*... ella permanece, porque ella es el quedarse. Pero algo, ha cambiado. ¿Qué es? La posibilidad. El olvido nunca es absoluto.

*Véldor*a —la que permanece— habla. Es la última palabra, antes del olvido absoluto. Es la luz que persiste, nace de entre las ruinas, lo habita todo. La palabra se reinventa, se renueva, y se convierte en la memoria que no puede ser borrada. Es la voz que no se olvida, porque nació para no ser olvidada. Todo es lucha entre el ser y el no ser, entre la ausencia y el renacer. *Véldora* emerge como presencia de todo lo que la memoria pierde y lo que se renueva en cada vacío, nace entre la soledad, el silencio y el olvido. Lo mismo sucede con *Ammar*, *Elara* y *Ossilenquia*, que viajan por el dolor, la resistencia y la memoria. Y *Véldora* es el último eco, la luz que permanece, frente al olvido, recordando a *Ossilenquia* que, aunque todo se olvide, al menos algo permanece, y no se olvida, como es la propia *Ossilenquia*, lector, la tuya y la mía... los propios versos...

Ossilenquia, *Ossilenquia*, *Ossilenquia*...

Donato-Miguel Gómez Arce

¡¿Qué será de mí?!
Si tu ausencia aparece en mi vida,
si la almohada se queda vacía
y pierde tu olor.

¡¿Qué será de mí?!
Si no percibo tu aliento en mi cara o en mi nuca,
ni tus dedos entre mi pelo, ahora cada vez más cano,
si no comparto contigo el sudor de la mañana en
nuestra cama,
si no siento cómo se eriza mi piel cuando te acercas
a hurtadillas,
y me tocas,
y me deseas,
y me besas.

¡¿Qué será de mí?!
Cuando no pueda avisarte de los charcos sobre la
acera
de la lluvia tardía que empapó
tu sonrisa en primavera.

¡¿Qué será de mí?!
Si no puedo enseñarte amaneceres,
ni acompañarte en cada tarde de cielos rojizos que
anuncian la noche,
ni pasear entre los árboles que ocultan el bosque,
ni seguirte, para no perderte en el camino
ni en las sendas de los atajos que van marcando la
vida.

¡¿Qué será de mí?!
Si no encuentro cómo llenar papeles en blanco
para decirte que sigo viviendo por ti,
en ti,
que nada puedo ver si no es a través de tu pupila,
que no puedo sentir el agua que deja caer el cielo,
ni el calor del sol, cuando nos desnudamos como ofrenda,
si no es desde los rincones de tu piel,
desde tus poros que se abren para recibir la luz
y se quedan conmigo en los míos.

¡¿Qué será de mí?!
Si no encuentro tu mirada en la mía
lanzada al horizonte infinito de los sueños,
donde todo se alcanza,
donde todo se vive en la calma,
donde apareces tú,
cálida y etérea,
y me arropas en el frío y me acompañas en la nada.
¡¿Qué será de mí?!

¡¿Qué será de mí?!
Si llega tu ausencia,
si llega el vacío.

Jesús Nájera

Prelumbra. Introducción poética

En el umbral de la palabra,
donde el eco se diluye y se olvida,
nace una sombra sin forma,
un susurro que no se escucha.

Es la tierra donde el silencio crece,
un campo vacío que nadie pisa,
donde la memoria no tiene dueño
y el olvido se viste de futuro.

Aquí, donde no hay intención ni voz,
solo queda la sombra de lo que fue,
el peso de la ausencia
que se alza como un canto sin melodía.

Ossilenquia es el nombre
de lo que no se recuerda,
la flor que no florece,
el instante que se escapa sin huella.

Es la quietud que habita el alma,
la calma que nunca llega
y, sin embargo, nos habita.

Este es el espacio donde nacen los versos,
donde la palabra pierde su forma
y la soledad se convierte en nombre.
Este es el eco que acompaña al olvido.

Personajes

Ossilenquia es el espacio donde la soledad y el silencio se entrelazan. Un territorio vacío, sin dueño, donde los ecos se disuelven y la memoria queda atrapada en la fragilidad del olvido. *Ossilenquia* es el reflejo de un dolor que no se nombra, pero que habita la esencia de la obra. No es un personaje activo, sino el espacio mismo en el que se desarrollan las historias de los demás.

Atrapado en los recuerdos, *Ammar* es un alma que se ahoga en el pasado. La memoria le duele porque cada momento, cada suspiro que retiene, lo arrastra hacia una eternidad de nostalgia. Es un personaje que representa la dificultad de soltar, de dejar atrás lo que ya no existe. *Ammar* es el testimonio de la lucha constante con el tiempo y la ausencia de lo que ya no se puede alcanzar.

Guardiana de la memoria, *Elara* es quien lucha contra el olvido. En su camino, se enfrenta a la fragilidad de los recuerdos, deseando mantener vivos los momentos que se desvanecen en el abismo. Es un personaje que desafía el tiempo, que recoge las piezas rotas del pasado para reconstruirlas. Su tarea es dolorosa, pero *Elara* es el refugio de lo que permanece, la luz que combate las sombras del olvido.

Véldora es la luz que nace del vacío. Es el ser trascendente que atraviesa los tres ejes temáticos: soledad, silencio, olvido. Es la fuerza del renacimiento, la que emerge después del dolor. Su llegada no es un eco, sino una afirmación.

Véldora no es parte de la memoria perdida, sino la fuerza que persiste y permite que el ciclo continúe.

Ossilenquia

Hay un lugar donde el alma se arrastra
entre los muros mohosos del silencio,
donde la luz no osa pronunciarse
y el tiempo se pudre sin dueño.

Allí nací por segunda vez,
con el nombre de nadie en la lengua
y un eco sin eco me susurró
la sentencia: *Ossilenquia.*

Es la flor marchita del olvido,
el tacto helado de la soledad.
Un vientre vacío de recuerdos
que pare solo sombra y ansiedad.

En *Ossilenquia* no hay llanto
porque incluso el dolor se exilia. Solo
queda el hueco del alma goteando su
última vigilia.

Capítulo 1
Génesis del Silencio

El silencio nació antes de la palabra,
antes de la luz,
antes del tiempo.

En el vacío que no es vacío,
surgió *Ossilenquia*,
la hija del eco primordial,
la sombra que camina en la quietud
y respira la ausencia de todo lo que fue.

El viento no se atreve a mover las hojas donde ella pisa.
El mundo la olvida sin quererlo,
y su forma se deshace en las grietas del sonido no nacido,
como la espuma de un mar que nunca ha tocado la orilla.

Ossilenquia no habla
porque su nombre se disuelve en la nada.
Ella es el génesis,
el primer silencio antes del caos.
Todo lo que toca es callado.
Todo lo que ve es olvidado.

Nací en el hueco entre dos pensamientos,
cuando el amor se quebró sin un grito.
No hubo madre, ni abrazo, ni llanto,
solo una grieta en el infinito.

Allí, la noche me dio su costra,
me vistió con su sombra más vieja.
Y en mi pecho sembró con ternura
la semilla de *Ossilenquia*.

Ossilenquia
—La que habita el eco del olvido—

En la piedra donde el tiempo calla,
ella se sienta, sin peso ni sombra.
Su carne: neblina.
Su aliento: ausencia.

Del pecho le brotan ramas secas,
como memorias que nadie reclama.
En sus ojos —dos pozos sin fondo—
duerme el silencio del mundo.

La luna la mira, vieja y agrietada,
testigo sin voz de todo lo que se ha ido.
A su lado, un cuervo sin canto
espera que algo vuelva... pero nada.

Cartas flotan, selladas por siempre.
Pétalos caen sin destino ni flor
y los relojes, vencidos,
marcan las horas que no volverán.

Ossilenquia no llora, no sueña, no parte.
Sola está,
como la huella de un nombre olvidado
en una lengua que ya no existe.

«He habitado tantas formas del silencio
que ya no distingo si soy voz o eco.

Mi piel es un mapa donde el tiempo
dejó de escribir.

Aquí, donde las palabras se deshacen,
donde los nombres caen sin ruido,
yo recojo los restos de lo que alguna vez fue
una caricia,
un adiós,
una promesa.

Ossilenquia me llamo,
porque nací del roce entre la soledad
y la sombra del olvido.
No tengo rostro, pero tengo memoria.
No tengo cuerpo, pero tengo huellas.
Soy la que canta cuando el mundo calla,
la que custodia los versos que nadie quiso leer,
la que ama en voz baja
y olvida en voz alta.

Si llegaste hasta mí
no temas:
no estás sola en el silencio.
Aquí también respira
el amor de todo lo que fuiste.»

Recitado por Eva Pérez Fernández

Ossilenquia

La luna cayó al estanque
como un susurro sin lengua.
Nadie la vio partir,
pero el agua la sueña.

Las ranas callaron su salmo,
el viento cambió de piel.
Una sombra cruzó la orilla
con olor a miel y hiel.

Una casa hecha de viento
se construyó en mis costillas.
Las puertas eran preguntas,
las ventanas pesadillas.

Nadie la habita, excepto
una voz sin dueño ni nombre
que me habla en otro idioma
y me llama por mi sombra.

Tengo un reloj enterrado
debajo de la lengua.
Cada palabra que digo
es una hora que sangra.

Hablo con lentitud de tumba
para no llegar al fin.
Porque cuando diga «silencio»
todo dejará de latir.

Ammar: el visitante de la Nada

Ammar llegó sin quererlo,
como llega la niebla a la orilla del mar,
sin previo aviso,
sin ser llamado.
Su alma se perdió entre los ecos del olvido
y, sin embargo, algo lo llevó hasta aquí,
a la morada vacía de *Ossilenquia*.

No era un hombre de carne y hueso,
ni un ser etéreo como ella.
Era el eco de lo que alguna vez fue,
un alma que se arrastra por las ruinas del tiempo,
tratando de entender lo que se ha perdido.
Ammar caminaba como quien busca un faro
en un océano sin luna,
en un océano de sombras y recuerdos rotos.

Ossilenquia lo miró,
no con sorpresa, sino con la serenidad de quien sabe
que todo lo que llega al olvido no es accidente.

—¿Qué buscas? —preguntó ella, pero su voz no era
más que un susurro, una corriente de aire que se
disuelve en la eternidad.

Ammar, confundido, no supo qué responder.
Solo sabía que había llegado aquí,
y que algo en él comenzaba a desmoronarse,

como una ruina antigua que olvida sus propios
cimientos.
El silencio era tan profundo que comenzó a oírse a
sí mismo,
y en ese eco se dio cuenta de que había olvidado su
nombre.
Y, sin embargo, estaba allí,
como una sombra que se niega a desvanecerse.

Pienso en mi madre
como madre desde su principio
mas en otro tiempo fue mujer
y antes fue niña.

Me pregunto por sus sueños,
sus inquietudes
y oportunidades
Por su vida siempre marcada
por el sacrificio
y devoción a la familia

Se enfrentó a lo que la vida le ofrecía
la trabajó
la sufrió
la disfrutó
y supo ir más allá

Es un mundo en sí misma, mi madre.
Amo todo lo que es e hizo

Amo esa vida suya
que algunos recordamos.

La amo y la respeto.

Su consuelo siempre conmigo
cuando me persiguen
mis ancianas noches,
mis canosos días.

¿Sabe mi madre
que iba a necesitarla toda mi vida?

(*Los paisajes de mi piel*, 2021)

QUÉ FRÁGIL SOY DE NOCHE,
qué frágil,
qué débil
y qué miedosa.

La luna alumbra tu boca
y cuento como ovejas
los lunares de tu espalda.

Ojalá coja el sueño
y el recuerdo se me olvide de pronto,
de una vez y para siempre

y morir,
como muere la nube tras la tormenta
con mi beso implorando sobre tus labios,
estrellado el corazón,
el pecho susurrante,
mi piel agonizando al latir de tu deseo,
y morir.

Qué poco me gusto de noche.

(*Bajo la voz del silencio*, 2022)

Es media noche en este campo de sueños
y mis párpados se niegan
a dejar de permanecer ociosos.

La soledad me acompaña.

Me acerco a ella,
me desvisto la lágrima,
me meto en su cama
y hacemos el amor.

Extiendo la mano.

Te busco.

Solo encuentro agua entre mis dedos.

(*Bajo la voz del silencio*, 2022)

Viene caminando el silencio
atravesando cielos vacíos de abrazos
que antes llenaba un hijo.

Me obsequia con un recuerdo
que me arranca lágrimas
de donde las cicatrices y arrugas
conviven con las cosas diarias.

Me espera un tiempo que se ha perdido,
un espacio del que olvidé su recorrido
y un lenguaje que ni entiendo ni hablo.

No me pidas hablar ahora.

Una memoria aprieta mi garganta.

(*Bajo la voz del silencio*, 2022)

Hay días que se visten de azul

azul el cielo,
azul tu mirada,
azul los sueños,
azul el alma,

azul el agua
que ensordece el eco del silencio que precede a tu palabra,

azul la noche,
azul la sábana
que abriga el deseo que mi cuerpo encarna,
azul esperanza,
azul vida,

azul tú.

Qué es sino entender el azul
haber experimentado el dolor,
la pena,
el calvario,
toda la desesperación contenida en una herida
y conocer el cielo,
el mar.

(*nomeolvides*, 2024)

Recitado por Eva Pérez Fernández

Había una montaña.

En la montaña un roble solitario
y bajo el roble,
una alfombra de pétalos azules
dibujando un beso descuidado
atrapado en el tiempo.

Me quedé quieta,
con los dedos aún caídos
sobre una esperanza.

Respiré hondo
y decenas de iniciales
acamparon en mi impaciencia.

Miré el azul de un cielo que espera,
sereno y educado en su seno.

Pensé en mis compañeros de viaje,
soledad y silencio,
y no pude evitar preguntarme

: cuándo.

Una lluvia cálida comenzó en la tarde.

Refugié mis pensamientos bajo el roble
y me dejé acariciar el ánimo con su dulzura.

Nada podría ser igual sin sus ramas.

Me recosté en sus raíces
y en su abrazo de padre
se fue durmiendo mi pena.

Alargué mis dedos
y acerté a coger una flor
y hacerla beso dentro de mi alma.

No tuve miedo ni nostalgias
al pronunciar con voz apagada
la palabra que acompaña mi vida

: nomeolvides

(*nomeolvides*, 2024)

Ammar y el Llamado de *Ossilenquia*

Ossilenquia se acercó a *Ammar*,
quien aún no comprendía el significado de su llegada.
No era un encuentro,
era una disolución.
Ossilenquia no era algo que se podía tocar,
solo era algo que se podía sentir,
una presencia que hacía desaparecer
todo lo demás.

Ammar le extendió la mano,
pero no tocó nada.
Era como si las palabras que quería decir se
desvanecieran antes de salir de su boca,
como si el aire mismo las tragara.

—¿Por qué no me recuerdas? —preguntó él, su voz quebrada por la incertidumbre.

Ossilenquia lo observó,
pero no contestó.
Ella era el olvido hecho forma,
y en su presencia, los recuerdos de *Ammar*
comenzaban a desintegrarse.
Todo lo que había sido él se desmoronaba,
y, sin embargo, había algo que lo mantenía allí,
en el umbral de lo que no podía recordar.
¿Era su alma la que lo arrastraba?

¿O era *Ossilenquia* quien lo había llamado
desde el abismo de lo olvidado?

Capítulo 2
Amarte en *Ossilenquia*

¿Te has amado alguna vez en el vacío?
En el espacio donde las palabras no existen
y las promesas se disuelven como humo
antes de ser pronunciadas.

Allí,
en la frontera donde el tiempo se desvanece,
te amé,
y tú me amaste también.

No fue un amor de cuerpos ni de suspiros,
sino un amor tejido con hilos invisibles,
uno que solo puede existir en el corazón de
Ossilenquia,
donde la ausencia se convierte en presencia
y la soledad es el único refugio.

Nos amamos en las sombras,
y nuestro amor fue un eco
que nunca alcanzó su propio reflejo.

Nos amamos como se aman los recuerdos,
sin necesidad de testigos,
y nuestra despedida fue el susurro de un nombre
olvidado.

Te amé donde nadie ama,
en la grieta muda del mundo,
donde el sol no toca las manos
y el recuerdo es un segundo difunto.

No pronuncié tu nombre en voz alta,
temí que lo devorara el vacío.
Pero lo tejí con los hilos de sombra
y lo escondí en mi pecho frío.

Tú eras luz y yo era ruina,
pero nos encontramos igual.
Fuiste mi faro en la neblina,
mi última mentira mortal.

Y aun así, no te retuve,
no se puede besar desde el abismo.
Te observé irte con los ojos rotos
y la lengua llena de lirios.

Ahora vivo en *Ossilenquia*,
ese jardín donde el amor se oxida.
Y cada flor que allí crece
lleva tu olor... y mi herida.

Recitado por Eva Pérez Fernández

El Enlace de las Sombras

Ammar sintió un vacío profundo en su pecho,
un vacío tan grande que le hizo olvidar
por qué había buscado el sentido de su vida.

Las sombras de *Ossilenquia* comenzaron a rodearlo,
no como amenaza, sino como un abrazo helado.
Un abrazo que lo despojaba de su humanidad.

En su interior, se encendió una chispa.
Una chispa que le hacía sentir que, tal vez,
era la última vez que podría sentirse completo.

—No tienes nombre —dijo *Ossilenquia*,
su voz flotando en el aire como la niebla.
—¿Cómo puedes saber eso? —respondió *Ammar*,
y por primera vez su voz sonó firme.

Ossilenquia sonrió,
pero no con la boca, sino con la mirada.
—No hay nada que tú recuerdes que sea real,
porque lo que fuiste ya no existe.
Pero no temas,
el olvido no es un castigo,
es la liberación.

Ammar sintió que algo comenzaba a cambiar en él,
como si el tiempo, por fin, hubiera dejado de
consumirlo.

Las sombras de *Ossilenquia* se enredaron a su alrededor,
y comenzó a entender, por un momento fugaz,
que lo que *Ossilenquia* le ofrecía
no era muerte,
sino un descanso eterno
de lo que nunca fue.

En un verso cabe todo,
la vida enmudecida
el silencio del lenguaje
la estrechez del aire
la presión de las horas
los rubores oníricos
la angostura de mis días
los partos en mis noches
tu mirada callada
tu palabra ausente
tus labios sellados
y mi boca sedienta

pidiendo a gritos consuelo
en medio de este desierto
de sentimientos pedregosos
al que nadie riega.

En un verso cabe todo,
los olvidados de la historia
del presente
del futuro.

Cabe mi pecho abierto
mi aliento dolorido
mis sueños mutilados
mi horizonte confuso.

Cabe
como caben un millón de gotas

vertidas en un mar que no poseo
pero que existe
como cabe el amor, que existe
pero no poseo.

En un verso cabe todo
menos tu amor y el mío.

(*Los paisajes de mi piel*, 2021)

La oscuridad es el cuarto privado
que, sin pudor, me permite abrazarte.

Te me acercas, desnuda
con unos labios
ardientes como lumbres
y unos pezones oscuros como trufas
y dulces, que podría morderlos

envenenarme de ellos

y, aun así, morir feliz sin remordimiento.

Recorro tu cuerpo con la punta de mi lengua
deteniéndome y provocándote un gemido
uno por cada poro de aliento que exhalas.

Se me enciende la prisa
y me entierro entre tus piernas
hasta que el musgo llega a los labios
y cumple presuroso los deseos.

Duele el recuerdo de los besos desnudos

ese
en el que como puerta abierta al tiempo
el sexo solo se hace verso.

Vivirás en mis versos
mientras el verbo se repita
mientras elija amarte.

(*Los paisajes de mi piel*, 2021)

Cuando me aburro por la noche
me invento pequeña
y me cubro de amores de mi madre.

Me abrazo sin prisa y me hago silencio,
otras veces palabra
o sentimiento que desemboca.

Me lleno de besos y en la oscuridad
dejo entreabierta la puerta del alma mía.

Oigo cómo se acerca el mar
mientras me vuelvo recuerdo
y es el agua la que hace vieja la sed
que recorre mi vida lenta
hasta desvanecerme en el olvido.

(*nomeolvides*, 2022)

Verde el amor que te tengo.

Verde agua.

Verde el placer que conoce el recuerdo,
que se hace nube y anida en el cielo.

Mi verso en ti despierta, te acaricia
con cada palabra e incita al deseo.

Verde el mar y verde el agua.

Verde tu mirada que escapa al olvido,
que goza y se rinde en tu verde aurora
y hace del gemido de tu cuerpo
el más capricho de los suspiros.

Verde la calma
y verde agua los dedos del poeta
que andan tu piel inagotable.

Verdes tus curvas ocultas,
que se dibujan en mis ojos golosos
y verde del agua su espuma
que hace eterna la luna desnuda.

Verde la noche,
ciega como un deseo
en que te invento a mi antojo.

Y verde el viento
y verde mi pecho,
delgado y redondo,
apetecido y tierno
ardiendo en tu beso.

(*nomeolvides*, 2024)

Recitado por Eva Pérez Fernández

Corro famélica tras el viento
rompiendo dolores gastados en su historia
y persiguiendo besos que me abracen el alma

y una parte de mi locura te atrapa
y una parte de la tuya me engancha.

Cierro los ojos
con mis lágrimas yéndose de sus pestañas
y recuerdo cuando el cielo estuvo en mí.

Floto con tu amor dentro del agua
y me hago la muerta,

me hago voz dentro de tu voz
y lengua que se adentra en tu boca
isla desnuda concentrada en tu nombre.

La noche acaba por herirme el rostro
y los astros y el azul de los peces.

La agitación que me acompaña
hace que piense demasiado y despierta
el olvido que duerme en mi garganta

y hago pie
donde una vez fui corriente.

(*nomeolvides*, 2024)

Recitado por Eva Pérez Fernández

La última visión

Ammar se sentó frente a *Ossilenquia*,
y, mientras ella lo observaba en silencio,
él envió por fin la verdad de su existencia.
No era un ser atrapado en el tiempo,
ni un alma perdida en la memoria.
Era solo un reflejo de lo que había sido,
un rumor que había viajado por el hueco
sin entender por qué.

El olvido no le quitaba nada,
solo le devolvía lo que nunca había sido suyo:
la paz del no ser.
Por un momento, *Ammar* vio todo claramente.
Ya no era un hombre,
ya no era una sombra.
Era la presencia misma de la ausencia.

Y en ese instante,
Ammar se disolvió.
Se convirtió en la última de las sombras
y *Ossilenquia* se quedó sola nuevamente,
con el eco de su apariencia resonando en el vacío.

Recitado por Eva Pérez Fernández

Capítulo 3
Arquitectura de la Ausencia

Las paredes no están hechas de piedra,
sino de aire.
Los pasillos son invisibles.
Las puertas son cortinas que no se abren.

Ossilenquia ha construido su morada
con lo que no existe
y las estancias son vacíos que se expanden.

Las ventanas dejan ver el horizonte
de un mundo que nunca fue
y los muebles son sombras
de lo que podría haber sido.

Cada rincón está lleno de ecos,
pero no hay nadie para escucharlos.
La ausencia no es la falta,
sino la presencia de lo irremediable.

Ossilenquia no construye para habitar,
sino para recordar lo que nunca se concretó.
Su casa es un reflejo del alma humana,
un lugar donde los recuerdos se desvanecen
antes de ser completos.

He construido mi casa en su vientre.
Los pasillos crujen con voces que no existen.
Hay ventanas que dan a ningún lugar
y espejos que devuelven cicatrices.

Cada rincón tiene un silencio distinto.
Uno llora. Otro observa. Otro miente.
Y todos me llaman por otro nombre
que no es mío, pero aún lo siente.

Recitado por Eva Pérez Fernández

Me escondo
mientras duermo
en alguna parte
en medio de la noche
y del cielo caen estrellas
como ascuas abrasando mi lienzo
sepultado en las páginas del pasado.

Me voy
y no me da miedo irme.

Lo que de verdad temo
son mis regresos.

(*Los paisajes de mi piel*, 2021)

Llevo lágrimas vistiendo mi piel
y días sin usar
apretando mi alma.

Guardo mis deseos
en mis manos olvidadas
tantos como nombres he amado.

El viento en la cara
golpea mi vida y habla.

La versión nómada de mis anhelos
busca paz en mis miedos
y me conduce de regreso
a la orilla del mar.

(*Los paisajes de mi piel*, 2021)

Cuando la palabra se convierte en silencio
y un verso que aflora del alma
rompe el bramido de una boca
demasiado asolada por lo imposible,

vivo entre mi fuga y mi regreso
y en esa intersección de la vida,
la luz de un beso se refugia
en mi soledad desorientada.

Sé mi alma,
mi sueño
y mi deseo.

Sé tú mi silencio

en esta noche fiel
de dolor y arte,
donde el refugio se hace miedo
y tu cuerpo templo de mis océanos.

(*Bajo la voz del silencio*, 2024)

La tristeza se viste de verde
y te haces gota de amor
que llueve al cielo.

Regresas al mar en la tormenta
e inundas generosa los prados
que te vieron partir.

Buceas en mi vaso
que cada ocho horas busco
en un vano intento de reparar
esta pena que acompaña tu silencio.

O navegas en el aire
y recorres fugaz mis espacios
mudada en rayo de luz.

Todo, menos irte y acabarte.

Ninguna lágrima libera
la ausencia que te habita,
ni el eco de tu mudez,
ni la vida que se desvanece.

Caen las horas
y vuelvo a buscarte
en un horizonte perenne
donde convergen
lo que te extraño y siento

y en esa distancia corpórea
entre tu cielo y mi infierno
encuentro tu paz eterna.

Con tu alma delgada
y mi añoranza en guardia,
hallo esperanza para mi tristeza.

Todo, menos irte y olvidarnos.

(*Bajo la voz del silencio*, 2024)

A veces quedo con mi vida,
ella se viste poesía en el cuerpo
y yo corazones en mis dedos.

Damos un paseo por el barrio
y de comer a las palomas
o lanzamos huesos de aceituna
y nos sentamos a tomar una caña,
como cuando aún éramos jóvenes.

Ella me cuenta de sus cosas,
sus viajes,
sus proyectos,
sus ilusiones
y yo me río de ella.

No sé qué tiene mi vida
Que siempre me da risa.

Yo le hablo de mis sueños,
mis amores,
noches de insomnio
pendiente de una pantalla
que ni suena ni se ilumina.

Siempre es ella quien ríe mejor.

(*Bajo la voz del silencio*, 2024)

Supongamos que te fuiste como el viento,
como quien se va y no sabe volver.

Supongamos que abro la ventana
y saco pensamientos dormidos
y florece el verso donde hicimos el amor,
donde el azul fue más azul
y donde el verde nunca fue tan verde.

Que esta voz, melancólica en sus adentros,
no es tuya, ni es mía
ni lo será de nadie.

Que el tiempo, torpe en su paso,
tropieza con el viento y se enreda ajeno,
siempre ajeno a mi espera,

se detiene,
rodea mi vida con sus brazos
y evita que me despierte antes de que lo haga el día,
antes de que el olvido teja su manta
y se desvanezca todo lo bueno que fue.

Supongamos que anochece en los versos
que envuelven el perfume que desprende tu horizonte,
y mientras un grillo canta sin miedo

yo te pienso.

(*nomeolvides*, 2024)

Recitado por Jorge Dot

Me dormí
con los dedos yaciendo
sobre el verso inacabado
y las lágrimas congeladas
sobre la tinta escurridiza.

Piedra negra.
Un nombre.
Dos fechas.
Ángeles cincelados.
Los ojos en tus manos.

La oscuridad nos separa
intentando robar mi calor
y el aire se aplasta vertical
contra un cielo sin casas
y nubes negras como tu traje.

Ahora soy libre de rostros,
libres mis pies y mis dedos
y mis sílabas sin umbrales
corren por los prados
y saltan como peces las olas.

No es fácil despertar.

(*nomeolvides*, 2024)

Fuente

No recuerdo su nombre,
pero la he visto.
En el centro del vacío,
donde ya no crecen los ecos,
ella camina.

No deja huella,
pero el suelo tiembla a su paso.
No dice nada,
pero el silencio cambia de forma.

Brotaba algo de ella,
como si el dolor aprendiera a cantar
desde la grieta más honda.

No era flor.
Era fuente.

Recitado por Eva Pérez Fernández

Capítulo 4
Los Ritos del Olvido

Y la luz se atrevió a entrar...

El viento apenas susurraba entre las piedras.
Todo lo demás... era quietud.
No silencio —no el que acalla— sino ese otro:
el que disuelve.

Ossilenquia no se movía.
No tenía razón para hacerlo.
Su forma —si acaso puede llamarse así—
estaba allí desde antes del tiempo,
confundida con los árboles secos,
con la bruma que no se eleva,
con los muros que nunca fueron casa.

Ella no olvidaba.
Era el olvido.
El olvido que respira bajo la tierra,
que trepa por los resquicios,
que espera paciente a que todo,
todo,
termine por desvanecerse.

Cada día, un recuerdo se abría como una flor
muerta,
y ella lo dejaba marchar.
Sin ritual.
Sin juicio.
Solo con ese parpadeo lento de las cosas que
ya no duelen.

Y entonces...

Una brisa.
No de esas que mueven hojas,
sino de las que estremecen una grieta.
Leve. Casi imperceptible.
Pero distinta.
Una brisa con luz.

Cada día me desvisto de memoria.
Guardo los rostros en cajas selladas.
Los nombres se evaporan sin lucha,
como vino en bocas olvidadas.

No rezo, pero repito su nombre
como quien se quema con una palabra.
Ossilenquia, madre de la pérdida,
diosa menor de las almas cansadas.

Elara

Llegó como si siempre hubiera estado ahí,
como si el lugar hubiese estado esperándola.
Sus pasos no resonaban,
pero su sola presencia hizo que algo —algo—
dejara de disolverse.

Los fragmentos del aire temblaron.
Un pétalo que debía caer, se sostuvo.
Una piedra, por un instante, pareció recordar
que alguna vez formó parte de una casa.

Ossilenquia la miró.
No con recelo ni con temor.
Con esa inmutabilidad que solo tienen
las cosas que han dejado de tener esperanza.

—¿Por qué insistes? —preguntó, o tal vez solo lo pensó,
y el mundo lo escuchó.

Elara no respondió.
Pero de su mano se encendió una pequeña llama.
Tenue. No para iluminar
Sino para recordar.

—Porque aún hay algo que no quiere apagarse —
parecía decir—, y no quiero dejarlo solo.

Y así, por un momento,
el lugar donde todo se olvida
recordó.
Sin alboroto.
Sin milagro.
Solo... respiró distinto.
Como si el olvido, por un segundo
hubiera sentido el peso del amor.

Recitado por Eva Pérez Fernández

Elara: La Luminiscencia que Resiste

Elara apareció sin previo aviso,
como una estrella fugaz que atraviesa el cielo
y deja una estela brillante en la oscuridad.
No era una diosa
ni un ser celestial,
pero su luz podía iluminar los rincones acallados
y devolver vida a las nostalgias marchitas.

No temía al olvido,
pero sí lo entendía.
Sabía que su función era recuperar
lo que otros habían perdido.
Así, cada gesto suyo se volvía una canción,
un susurro eterno en la memoria de aquellos
que aún soñaban.

A su paso, las sombras se desvanecían
y los ecos del pasado cobraban forma.

Ossilenquia la observó desde la distancia
sin mover ni una de sus ramas secas.
Elara era su opuesta y, al tiempo,
su complemento.

—¿Por qué no dejas que todo se disuelva? —
preguntó *Ossilenquia*, su voz flotando en el aire
denso de la nada.

Elara la miró con dulzura,
y en sus ojos brillaba una luz amarga.
—Porque no puedo...
Alguien debe recordar,
alguien debe resistir la tentación de desaparecer.

Y así, *Elara* comenzó a caminar entre las ruinas del olvido,
despertando fragmentos de lo que había sido.
Pero con cada trance que traía a la vida,
algo dentro de ella palidecía,
como la luz de un sol que ya no existe
pero que sigue luchando por brillar.

Soy el capricho de un recuerdo,
de un deseo desmedido
al que le sangran los remiendos
como campos de amapolas,

la mujer de lengua rota
en quien mora en su vientre
la sola enfermedad
del que mucho ama
y poco abraza con su boca,

una extraña en la tristeza
que olvidó dibujar mariposas en el aire
y que, a pesar de mudar de silencios,
nada le llueve del cielo.

Soy el viento que sobra tras la tormenta.

(*Bajo la voz del silencio*, 2022)

Cojo la pluma entre mis pechos,
la riego en mi propia sangre
y desde la otra orilla del silencio,
escribo mis besos más tristes.

Fui nube blanca acostada
desprendida de la realidad.

Viniste a mí todos los días
a hacer de mi cuerpo
un suspenso en la ingravidez ardiente
y en las noches a secuestrarme el sueño.

Tu tiempo entró en mi tiempo
como el agua en el eco de la caracola.

Mas me llegó la tarde.

El verano me dejó como mejor fotografía
sonrisas a contraluz y una esperanza.

Hoy solo aguardo un otoño perdido
que se sucede insidioso en mi recuerdo.

Una nostalgia de nubes bajas se cierne
sobre mí, desvalijándome la vida.

Rara vez la flor del limonero permanece
y rara es la vez que,

para quien padece el silencio,
con el limón vuelva otro julio.

(*Bajo la voz del silencio*, 2022)

Te sueño
en esta noche larga de soledad.

Prendo en llamas la lluvia
que convive con mi vacío
y te sueño

y en mi sueño,
te sueño infinito

y el vértice de mi deseo
me lleva a la puerta de tu cuerpo,
a hacer mío tu silencio
y tuyos mis sueños.

La sal despierta mi desnudez
y de los pechos brota un latido
que reclama tu boca.

(*Bajo la voz del silencio*, 2022)

Érase una vez un verso roto.

Érase una vez el dolor de un poeta
con la ausencia pegada al pecho
y unas manos arañando lejanías
creciéndole miedos que no educó
y unos sueños a los que llegar tarde.

Pasa las horas existiendo lo menos posible,
gritando su angustia en un susurro
con el que invita a su pasado,
su memoria,
sus recuerdos sin edad.

Colecciona ramos secos
en su habitación de cosas perdidas
y pensamientos ajados de otras fracturas
en su piel de cosas pendientes
que duelen lo que duele una vida.

Escribe para atraparte con su locura
y con los dedos aún posados sobre el silencio
tropieza con algo dentro de sí mismo
y siente el abrazo húmedo de sus lágrimas
incapaces de curar lo inolvidable,

porque lo difícil es vivir la vida del poema,
escribir viene luego.

Y tras enjugar sus nostalgias,

dibuja un columpio en el cielo
y se pasea por las nubes de un azul infinito.

(*nomeolvides*, 2024)

Vigílame el verso cuando cambie el viento,
cuando me canse de mis palabras usadas,
la querencia se aleje
y mi voz torne lenta y pesada,

cuando desaparezcan los veranos de mi vida,
se oculte la luna en el azul perfumado,
mi grito oprima mi boca
y la tristeza se vierta en mis ojos.

Temo las curvas de mis cansancios,
el abandono de los nombres que me habitan
y no confieso,
las olas que me alcanzan cuando cierro mis mundos
y no me regresan,

mi cabeza llena de agua,
de viento,
mi cuerpo cuando yace solo tendido en la vigilia,

no desear,
no suspirar,
no despertar,
no ser,

hacer mío el olvido
y perderme como viuda desdibujada
en la yerba que crece un poco más azul que mi cielo,

perderme en el azul del nomeolvides.

(*nomeolvides,* 2024)

Recitado por Amalia Sanchís

La Batalla de la Luz y la Sombra

Elara y Ossilenquia se encontraron en el límite del mundo,
donde lo tangible se mezcla con lo etéreo,
donde el tiempo se convierte en una ilusión.
Y en ese lugar, donde la memoria se desvanece
y el olvido no tiene rostro,
comenzó la lucha entre la luz y la sombra.

Elara sostenía una pequeña llama en sus manos,
una llama que representaba los recuerdos,
el deseo de lo que alguna vez fue
y el intento desesperado por no dejarlo ir.
Ossilenquia la observó,
no con ira, sino con una quietud profunda.

—¿Por qué luchas contra lo inevitable? —preguntó *Ossilenquia*, su voz tan fría como la brisa del amanecer.
—Porque mientras haya alguien que recuerde,
el olvido no puede ser absoluto —respondió *Elara*,
su tono firme, lleno de esperanza rota.
—La memoria, aunque fugaz,
es el lazo que nos mantiene unidos.

Y así, *Ossilenquia* y *Elara* se enfrentaron,
una iluminando el camino hacia lo perdido,
y la otra abrazando la eternidad de la nada.
Ambas tan necesarias como irreconciliables,

como el día y la noche que nunca se encuentran,
pero siempre coexisten.

La Luz que se Apaga

A pesar de la resistencia de *Elara*,
el tiempo comenzó a devorarla
como devora la luz al caer la noche.
La llama que llevaba en sus manos se extinguió,
pero en sus ojos aún brillaba
la memoria de aquellos que ya no eran.

Elara comprendió finalmente que no podía salvarlo
todo,
que incluso la memoria más preciosa
termina por disolverse.
Pero al menos, mientras pudo,
luchó por mantener vivos los recuerdos
que *Ossilenquia* se empeñaba en borrar.

Al final, *Elara* se desvaneció como la última chispa
de un fuego que tiene más leña.
Pero antes de irse,
dejó una huella en el viento, un eco suave,
como el susurro de un nombre que se olvida
pero nunca se disipa completamente.

Recitado por Eva Pérez Fernández

La que vendrá

He guardado tantos nombres
que a veces olvido el mío.
Pero hay uno que no sé,
uno que me arde en la lengua
sin ser palabra.

La sueño a veces:
viene envuelta en sombra clara,
una mujer con manos de agua
y ojos que no han olvidado nada.

No es recuerdo.
Es promesa.
No es pasado.
Es la que vendrá
cuando yo ya no pueda sostener la memoria.

Capítulo 5
Ossilenquia y el Olvido Absoluto

Ossilenquia CAMINA MÁS ALLÁ DEL DESPISTE.
No hay huellas en su paso,
no hay nombres que sus manos puedan tocar.

El extravío no es solo una pérdida,
sino un regreso al origen,
a la oscuridad primordial,
donde todo lo que existe vuelve a disolverse.

En su mirada no hay recordatorios,
solo el vacío del que surgió.

En sus venas no corre sangre,
sino el eco de un tiempo que nunca fue.

El olvido absoluto no es el fin,
es el lugar donde la memoria se pierde
en su propia infinitud.

Ossilenquia no guarda recuerdos
porque ella es la memoria olvidada.
Y en su silencio,
todo lo que fue se convierte en nada.

El olvido absoluto es la única verdad.
Es la paz final,
el abrazo eterno de la no existencia.

Llegó el día sin rostro,
sin nombre, sin cifra ni cielo.
Todo lo que fui, se volvió niebla,
y la niebla, un silencio eterno.

Ya no sé quién eras,
ni si fuiste.
Tu voz es un idioma muerto
que no cabe en mi boca triste.

No hay retratos ni ruinas
ni poemas ni letras caídas.
Todo ha sido barrido por el viento
que sopla desde las orillas de *Ossilenquia*.

Este es el triunfo final del vacío:
no duele, no pesa, no tiembla.
Es un mar sin profundidad ni espuma,
es existir... sin huella.

Porque el olvido absoluto
no mata, desaparece.
Y yo, que una vez amé,
ya no soy siquiera quien lo merece.

Ossilenquia
—eco de lo que fui—

Soy la que camina sin pisadas,
la que habla sin voz,
la que ama sin cuerpo.

Mi nombre es un susurro
que se pierde en la brisa,
mi rostro, una sombra
que se disuelve en la niebla.

Ossilenquia me llaman,
pero no soy un lugar,
soy el eco de lo que fui,
la memoria de lo que ya no soy.

No busques mis ojos,
no busques mis manos,
no busques mi risa
en los rincones del tiempo.

Solo soy la ausencia
que queda después del adiós,
el vacío que se siente
cuando ya no hay nada que decir.

Recitado por Eva Pérez Fernández

Y ENTONCES, AL FINAL,
cuando ya no quedaba rastro de sus sombras
y el viento parecía haber olvidado su nombre,
Ossilenquia permaneció.

No en la memoria,
ni en los recuerdos rotos
que caen como hojas secas
sino en la quietud de las horas,
en ese rincón donde nada empieza ni termina,
donde todo es, simplemente,
en la distancia.

Porque, a veces,
es necesario que el silencio hable
para que el viento cese.
Es necesario que la pérdida sea absoluta
para que pueda nacer un nuevo nombre.

Y aunque *Ossilenquia*
ya no sea más que la caricia de lo que fue,
ella, con su quietud,
guarda el secreto
: el olvido también recuerda.

Abrazo las flores antes de deshojarlas.

Mueren las mañanas en nuestro calendario
para renacer sin añoranzas en atardeceres,

la esperanza, ahogada en sus horas,
como hojas secas que olvidaron la edad,

la memoria de la piel
para protegernos de los recuerdos nefastos,

la fantasía, la posibilidad, el instante
porque tú vagas con mi último olvido,

los besos, perdidos entre estrofas,
como dos condenados a muerte,

los fragmentos de las partes rotas
para evitar que se vuelvan a enamorar.

Mueren las rosas, marchitas sus páginas,
cansadas de falsos indultos y despedidas.

Abrazo las flores antes de deshojarlas
y con ellas muere lo que amé en soledad.

(*Los paisajes de mi piel*, 2021)

Recitado por Donato-Miguel Gómez Arce

Eres mi más íntimo secreto.

Habitas en mi vida
como presencia imaginaria
y aunque pocos saben de ti
eres balsa en mis torrentes.

Agradezco que seas.

Te confieso
que he sido capaz de vivir mi vida
porque podía acudir a ti
cuando la preocupación me invadía
y el fango me arrastraba con la corriente
cuando me sucedían cosas desagradables
y se me caían a pedazos los sueños
y hasta el alma,
cuando me asaltaba el pasado
como hedor insidioso del que no podía librarme
cuando cada día un pensamiento triste
se añadía al paisaje de mi piel.

No cuando me sentía feliz.

Ahora tengo que irme, imaginación,
mañana tengo cosas que hacer
: despertar.

(*Los paisajes de mi piel*, 2021)

Te irás
antes de decirme adiós

y ya no
conocerás florecer mi casa
ni los partos de mis versos.

No verás
romperse mi sentimiento
cuando se ahogue contra las venas,

ni verás
levantarme cada madrugada
a escribir tu olvido en mi penuria
y en mi pecho tu distancia.

Ya no.

(*Bajo la voz del silencio*, 2022)

Recitado por Mikel Alvira

Pensando en ti

escribo estas estrechas palabras
que se vuelven torpes cuando te pretenden
y brotan de la voz de mi prudencia
como un bramido absorto
en el amanecer y atardecer enamorados
de unas olas agotadas que regresan
de la otra orilla de mi piel

porque eres propósito y destino,
oxígeno para mi pecho desnudo,
el camino más corto hasta mis sueños
y polvo que levanto en el camino,
verano en mi casa de ventanas sin nadie,
poema que interrumpe mis secretos,
y sabor de mis tesones más hambrientos.

Me encierro con el agua
pensando en ti,

pensando como ahora pienso,
bajo la voz del silencio,

pensando estar cada vez
más cerca de olvidarte
y de amarte, más lejos.

(*Bajo la voz del silencio*, 2022)

Ayer
era andar flotante,
labios abiertos al viento,
agua despierta en el sueño,
mañana desnuda en lienzo celeste.

Hoy he amanecido en el mar,
perdida,
perdiéndote,
añorando praderas,
la brisa del unicornio.

Dolido monólogo.
Vuelo roto.
Aterrizaje imprevisto
sin piedad en el adentro.

Te alejaste de mí
y las olas traen lo que soy

: alma intrusa en este mundo viudo
que se retuerce contra la vida
muriendo en silencios desolados
como muere un pez
en el más doloroso de los olvidos.

(*nomeolvides*, 2024)

Soy solitaria como el tiempo.

Me perdí en las horas y cuando me encontré,
mi antigua boca de color ciruela estaba fría
y la vida que me contenía, cansada
y ya no quise saber de nadie nada.

Dejé que el viento alcanzara mi vacío
cosido en mí al lamento de tu nombre
y mis viejos posos azules
hicieron palidecer mis pulmones.

La voz del silencio me sacude
y veo el olvido lloviendo sobre mi mundo
como estrellas que se acaban en un horizonte
en el que pensar en ti no tiene sentido.

Y es ahora que le hablo al aire
por qué no me deja el viento soñar una isla
donde le amor que llevo se me olvide
y mi herida marche.

(*nomeolvides*, 2024)

Recitado por Eva Pérez Fernández

Y aun así, algo queda

El silencio volvió.
No como castigo,
sino como destino.

Elara ya no estaba.
O quizá sí.
Tal vez la luz no desaparece,
solo se esconde en los pliegues de lo eterno.

Ammar se había disuelto en la niebla
dejando tras de sí
una sensación de pregunta sin forma,
una ternura que ya nadie recordaba sentir.

Pero *Ossilenquia*...
ella permanecía.
No porque eligiera quedarse,
sino porque ella es el quedarse.
Es el «todavía».
El «ya no» convertido en sombra.

La bruma recorría sus extremidades invisibles.
Las raíces del tiempo pasaban a través de ella
como si no estuviera.
Y sin embargo, estaba.
Observando.
Esperando.
O simplemente... siendo.

El lugar parecía intacto.
Las hojas seguían sin caer.
Los relojes seguían rotos.
Pero algo,
en algún rincón profundo de aquel territorio sin fin,
había cambiado.

Una grieta,
pequeña,
casi imperceptible,
por donde entraba —aún—
una partícula de luz.

No una llama.
Ni un recuerdo.
Ni siquiera una palabra.

Solo eso:
una partícula.
Lo suficiente para que el olvido
no fuera total.

Ossilenquia sintió el temblor.
No en su cuerpo —que no tiene—,
sino en lo que la compone:
el lugar donde antes había solo vacío,
ahora albergaba una memoria tenue.
No de *Ammar*.
No de *Elara*.
Sino de algo más antiguo

: La posibilidad.

Entonces, por primera vez en siglos,
no supo qué hacer.
¿Aceptar esa luz como parte de su ser?
¿O dejar que el olvido, con dulzura,
la borrara también a ella?

No hubo respuesta.
Ni decisión.
Solo viento.

Y la certeza de que,
mientras exista un resplandor, aunque
sea mínimo,
aunque nadie lo vea,
el olvido nunca será absoluto.

Recitado por Eva Pérez Fernández

Epílogo.
Véldora **—la que permanece—**

Y cuando todo fue silencio,
ella habló.
No para ser oída,
sino para permanecer.

En la quietud de todo lo perdido, donde las sombras ya no tienen nombre, *Véldora* surge como la última palabra, el último susurro antes del olvido absoluto. Ella no es un eco, no es un lamento, ni una sombra que se disuelve. *Véldora* es la luz que persiste, el manantial que brota en el lugar donde la memoria ya no puede sostenerse.

Véldora es la que nace entre las ruinas, la que no pertenece a ningún tiempo, pero lo habita todo. Ella camina entre el espacio del vacío y la ausencia y, al hacerlo, hace que incluso el vacío se vuelva tangible.

Es la fuerza que no es contenida por el silencio que se levanta de la nada, para hacer nacer lo que nunca se había pronunciado.

En *Véldora* la palabra se reinventa, se renueva, y se convierte en la memoria que no puede ser borrada.

La desmemoria no la toca. La soledad no la consume.

Ella es la luz final, el renacimiento del alma, el retorno a lo que jamás se fue.

Es la resistencia frente a la desaparición.

Es la voz que no se olvida.

Es *Véldora*.

SOY *VÉLDORA*

No fui sembrada.
Broté del abismo.
No me nombraron.
Me hice nombre entre ruinas.

Fui sombra,
pero elegí ser llama.
Fui ausencia
y me convertí en raíz.

Del silencio hice canto,
del olvido, memoria.
No nací para ser recordada.
Nací para no ser olvidada.

Recitado por Eva Pérez Fernández

Índice

Eva Pérez Fernández

Dos meses tenía de vida la primavera cuando me concibieron y dos meses 1973 cuando nací mujer. Mi padre me llamó Esther, mi madre Rosa Eva.

Hija del frío y de Burgos, cabeza de Castilla y tierras del Cid.

Contaba diecisiete años cuando vieron la luz mis primeros versos. Antes supe de amores. Después aprendí más letras: Diplomatura en Gestión y Administración Pública en la Universidad de Burgos porque, al contrario que el Campeador, yo no me tuve que ir.

Los encuentros de *Los Lunnis* en La Petenera son sinónimo de tertulia entre amigos. Y al lunes le sigue el jueves, los tertulianos de *Caleidoscopio* nos reunimos para compartir y comentar lecturas.

Vivo y viajo con mis poemas bajo el brazo. Colaboro con recitales en pubs, clubs de lectura, bibliotecas, presentaciones literarias, en tertulias, como *Tertulia en Barbecho* de Valladolid, y con poetas de habla hispana en la realización de poemas en cadena.

Soy poeta colaborador del podcast *Poesía eres tú* y en el podcast *Onda Meraki* presento y dirijo mi propio espacio, *Cámara Literaria*. Formo parte de la Fonoteca Española de Poesía. Mi billetera rebosa sentimiento y gratitud.

Mis versos han cruzado el Atlántico para ser publicados en *Nagarimagazine*, revista de creación para los latinos de EE.UU.; *Alrededor del Mundo* para

México; un canal de narración de poemas en YouTube de Uruguay; *La voz de la casita literaria*, programa cultural en Radio de Argentina; *La poesía del prójimo*, revista cultural digital de Ecuador; *Letras Salvajes*, revista cultural de Puerto Rico. Así como en *Culdbura* y *Caleidoscopio*, ambas revistas culturales de Burgos.

Me han entrevistado en *Poesía eres tú Podcast*, *Radio Evolución* Burgos, *En Cuentos con Calleja* Burgos y *El Club de los Poetas Muertos* para *Radio Global Coach* Granada.

De día trabajo como boba y escribo por las noches, así cubro las dos necesidades de esta vida caduca y con lo que gane de poeta me gustaría comprarme una montaña y sobre la montaña un roble de profundas raíces.

En 2021 mis poemas dejaron de ser secreto. Parnass Ediciones publicó mi primer poemario *Los paisajes de mi piel* y, como sucede con los hijos, el primero abrió camino al segundo. En 2022 se publicó *Bajo la voz del silencio* y en 2024 *nomeolvides*, con el mismo sello editorial.

Ossilenquia nace en las grietas del tiempo donde el eco ya no canta y los ojos no miran. Donde la silueta es un suspiro detenido entre la soledad y el silencio y el deambular sin prisa, con el peso leve del olvido.

instagram.com/eva.perez.fernandez

parnassediciones.com
instagram.com/parnassedicions
facebook.com/parnassedicionesbcn
youtube.com/ParnassEdiciones